Weil eine Welt mit Geschichten
eine bessere Welt ist.

Sylvia Herzberg

schwarz, weiß, bunt

Life is a story

1. Auflage 2020
© Sylvia Herzberg

Herstellung, Gestaltung und Konzeption:
Verlag story.one publishing – www.story.one
Eine Marke der Storylution GmbH

Gesetzt aus Minion Pro und Lato.
© Coverfoto: Steve Johnson, Unsplash
© Fotos: Privat & Unsplash

Printed in the European Union.

ISBN: 978-3-99087-243-7

Für Sigrid.

INHALT

Zurück auf Los

Im Sommer 2019 zogen meine Frau, unsere drei Hunde und ich von Kanada in die USA. Fast auf den Tag genau 10 Jahre später, nachdem ich meinen Job gekündigt und zu meiner heutigen Frau nach Spanien gezogen war. Eine für mich ungeahnte Reise begann damals.

Meinen Job aufzugeben, war eine der schwersten Entscheidungen meines Lebens. Da es jedoch Teil des Berufs meiner Frau war und ist, alle 4 Jahre in ein anderes Land zu ziehen und mir zum ersten Mal in meinem Leben eine Beziehung wirklich wichtig war, tat ich diesen Schritt. Nach der anfänglichen Euphorie kam die Ernüchterung, ein paar Monaten später die Langweile. Ich hatte keinen Plan, keine Hobbys, keine Ahnung was ich den ganzen Tag machen sollte. Streits und Vorwürfe waren die Folge. 6 Monate später ging ich zurück nach Wien. Hoffte auf meinen alten Job, vergebens. Depressionen und das Gefühl der Wertlosigkeit stellten sich ein. Kein Job, kein Geld, keine Zukunft.

Obwohl ich diesen Schritt damals jeden Tag bereute, gab ich nicht auf. Ich fühlte, trotz der Schwere in meinem Kopf, dass das meine, unsere Chance war erwachsen zu werden, denn als wir uns kennenlernten, waren wir beide Teenager im Kopf, nicht in der Lage, Verantwortung zu übernehmen. Trotz aller Schwierigkeiten ließen wir 2010 unsere Partnerschaft offiziell eintragen und zogen 2011 nach Albanien. Dort sollte alles besser werden, was es aber nicht wurde. Die Sprache, die Hitze, die Kultur, für nichts war ich zu begeistern. Ich versuchte viel, doch nichts gelang mir. Minderwertigkeitsgefühle kamen zur Langeweile dazu und ich stolperte von einem negativen Gefühl ins Nächste. Zuviel Alkohol, zu viele Zigaretten. Ich flog oft nach Wien, wollte fliehen, aber ich nahm immer alles mit.

Nach einem Jahr Albanien geschah etwas Seltsames. Zum ersten Mal in meinem Leben wollte ich Verantwortung. Ich hatte keine Ahnung wie das ging, ich wusste auch nicht warum, aber mein Verstand begann langsam erwachsene Gedanken zu entwickeln. Ich strampelte wie ein Kind, suchte meinen Weg, fiel hin und versuchte es erneut.

Meine Frau und ich waren der Trennung oft nah, aber wir fragten uns immer wieder, was es ändern würde. Zurück in unser altes Leben? Irgendwie JA und eigentlich NEIN. So gingen wir weiter. 2014 zogen wir mit unseren drei Hunden nach Kanada. Von heute auf morgen waren wir mit allem auf uns allein gestellt. Eigenverantwortung, selber machen, steht dort ganz oben. Wir mussten im Zeitraffer erwachsen werden und wir wurden erwachsen. Gemeinsam und jeder für sich.

Am Silvesterabend machten wir einen Spaziergang und blieben an einem kleinen See stehen. Wir schauten uns an und hatten beide den gleichen Gedanken. Geschafft. Erwachsen. 2019 ging für mich nicht nur ein Jahr zu Ende, sondern ein Jahrzehnt, in dem ich über jede Grenze gehen musste, um weiterzukommen. 10 Jahre hin und zurück in mir selbst.

Heute, 12 Jahre Beziehung, seit einem Jahr verheiratet, 4 Länder, 8 Umzüge und drei Hunde später habe ich Verantwortung gelernt.

Liebes Leben!

Da sitzen wir beide nun nach 5 Jahrzehnten, schauen uns an und blicken auf eine Zeit zurück, die einer Achterbahnfahrt in Sekunden gleicht.

Als du vor 51 Jahren beschlossen hast, mich auf diese Welt zu schicken, musst du gerade im Rausch der 68er Jahre gewesen sein, denn meine leiblichen Eltern wollten mich ja nun so gar nicht in ihrem Leben. Also ging es gleich mal ins Kinderheim. Da du mich aber netterweise mit blonden Locken und einem Engelsgesicht ausgestattet hattest, wurde ich quasi vom Fleck weg adoptiert. Aber ganz ehrlich, die Familie, die du für mich ausgesucht hattest, war echt ne Herausforderung. Beide in ihren 40ern, Nachkriegsgeneration und eigentlich mehr ihren Eltern zugewandt, als selbst Eltern sein zu können. Als Kind ja noch ganz lustig, aber als Jugendliche?

Apropos Jugendliche. Was hast du dir eigentlich dabei gedacht, mich als Teenager so in den Himmel wachsen zu lassen, dass in meiner Empfindung meine Beine länger waren als der

Rest meines Körpers? Gut, ich war athletisch und fast unschlagbar im Schwimmen, aber da du vergessen hattest, mir Selbstbewusstsein mitzugeben, fühlte ich mich immer wie eine Außerirdische. Hast du eigentlich mitbekommen, wie oft die Leute über meine Größe gesprochen haben?

Und dann die Liebe. Mann, Kind, Haus und Hund waren wohl auch nicht so dein Ding für mich. Nein, meine erste große Liebe musste eine Frau sein. Ok, heute bin ich glücklich verheiratet mit einer Frau, hab drei Hunde und ein Haus, aber mal Hand auf Herz, dass konnte ich ja damals nicht wissen, als ich mit 16 durch die Straßen Berlins gelaufen bin und völlig verwirrt war von dir.

Auch was meinen beruflichen Werdegang anging, warst du wohl der Meinung, mich herausfordern zu müssen. Ein Büroberuf? Echt jetzt? Ist dir damals entgangen, dass ich nicht die Leuchte in Sprachen und Mathematik war, aber dafür talentiert kreativ? Und wo bin ich gelandet? In der Verwaltung mit Rechnungen und letztlich, nachdem die Welt sich geöffnet hatte, in der Informationstechnik. Das Wort hast du hoffentlich mal gegoogelt, weil das mit Kreativität so gar nichts zu tun hat. Aber wenigstens bin ich dann nach Wien und ins Außenministerium, wo ein Teil meines Jobs das Reisen war. Gut, heute schreibe ich Kurzgeschichten, spreche eine zweite Sprache und lebe ein recht angenehmes Leben. Trotzdem, manchmal weniger Verwirrungen und Rätselraten über dich wäre auch schön gewesen. Auf der anderen Seite muss ich zugeben, deine ständigen Herausforderungen haben mich jung gehalten. Und obwohl es oft nicht leicht für mich war mit dir, wahrscheinlich auch umgekehrt, möchte ich dir heute mal Danke sagen. Danke, dass du immer wieder dafür gesorgt hast, dass ich uns nicht aufgegeben habe. Und Danke, dass du hinter das Schwere immer gleich die Hoffnung und das Leichte geschickt hast.

So liebes Leben, ich freue mich auf die nächsten Abenteuer mit dir und sei nicht allzu hart zu dir, wenn ich dich an Weisheit ab und zu mal überhole. Hast du mir ja beigebracht :)

Der Schokoladentrick

Als Kind wohnte ich mit meinen Eltern in einem Haus, das so um 1930 erbaut worden war. Es gab einen großen, grünen Innenhof mit Spielplatz und in der Mitte stand ein sehr alter Kastanienbaum. Um zum Spielplatz zu kommen, musste ich immer 3 Stockwerke runter Laufen. Dabei begegnete ich oft Erwachsenen, die auch in unserem Haus wohnten.

Mit meinen damals 5 Jahren war ich, wenn ich mit anderen Kindern zusammen war, sehr aufgeweckt, entdeckungslustig und manchmal auch etwas frech. Wenn es aber darum ging, Erwachsene zu grüßen, rannte ich entweder ganz schnell vorbei oder versteckte mich hinter meiner Mutter. Dieses Verhalten stieß natürlich nicht auf viel Verständnis. Sich gegenseitig zu grüßen im Treppenhaus war einfach ein MUSS. Doch trotz aller Ermahnungen und Bitten, ich grüßte nicht.

Über uns wohnte zu der Zeit eine alleinstehende Frau, die Lehrerin war. Meine Mutter war sehr gut mit ihr befreundet und die Beiden unterhielten sich oft darüber, warum ich nicht einfach ‚Guten Tag' sagte. Die Lehrerin, obwohl pädagogisch bestens ausgebildet und auch mit Kindern in meinem Alter arbeitend, hatte auch keine Idee.

Eines Abends, ich kam mit meiner Mutter gerade vom Einkaufen, trafen wir die Lehrerin im Treppenhaus. Wie üblich versteckte ich mich hinter meiner Mutter, die wie immer versuchte mich zum Grüßen zu bewegen, ohne Erfolg. Verzweiflung machte sich in ihrem Gesicht breit. Nachdem die beiden Frauen ein paar kurze Sätze ausgetauscht hatten, drehte sich die Lehrerin zu mir um und sagte in ihrer unglaublich netten Art: „Ich habe eine Idee. Pädagogisch vielleicht nicht so wertvoll, aber ich bin mir sicher, es wird funktionieren. Wenn wir uns das Nächste Mal begegnen und du sagst ‚Guten Tag' zu mir, bekommst du dafür etwas Süßes." Außer das Wort ‚Süßes' verstand ich nicht viel von dem Satz, aber um meine Neugierde zu wecken, reichte es.

Mir gingen die Worte der Lehrerin nicht mehr aus dem Kopf. Ich rannte tagelang zusätzlich 3x täglich durchs Treppenhaus, um sie zu treffen, vergeblich. Nach einer Woche ging ich weinend zu meiner Mutter und fragte sie, ob die Lehrerin mich angelogen hätte. „Nein", antwortete meine Mutter, sie ist im Urlaub und kommt erst in ein paar Tagen zurück.

Ich hatte meinen Plan, all meinen Mut zusammenzunehmen und die Lehrerin zu grüßen, schon fast wieder verworfen, da traf ich sie vor unserem Haus. Sie suchte ihren Schlüssel und ich rannte sie fast um. Wie angewurzelt blieb ich stehen. Wir schauten uns direkt ins Gesicht. Sie wirkte so groß. Ich versteckte meine Hände hinter meinem Rücken, so das sie nicht sehen konnte, dass ich diese vor Anspannung knetete. Sie schaute mich immer noch an. „Guten Tag", schrie ich und rannte die Treppen hoch, eine Antwort nicht abwartend und die Belohnung völlig vergessend.

Am Abend klingelte es an unsere Tür. Da stand die Lehrerin mit einer riesengroßen Tafel Schokolade, auf der mein Name stand. Ich war so stolz. Ab dem Tag grüßte ich mit Freude jeden Erwachsenen in unserem Haus.

FDGB-Ferienheim

Wenn man wie ich, in der DDR aufgewachsen ist, dann war das mit dem Reisen so eine Sache. Für die sozialistischen Bruderländer fehlte entweder das Geld, der Trabant schaffte es nicht mehr oder man wollte eh nicht hin, weil es ja irgendwie genauso aussah wie daheim. Und so versuchte man, vor allem wenn man aus Berlin oder dem Süden der Republik kam, einen der begehrten Plätze in einem sogenannten FDGB-Ferienheim irgendwo an der Ostsee zu bekommen. Binz, ein Städtchen an der Ostsee, eignete sich dafür wohl besonders gut.

Damit die arbeitende Bevölkerung mit Kind und Kegel in den Ferien Urlaub machen konnte, baute die sogenannte Gewerkschaft natürlich auch in Binz ein FDGB-Ferienheim. Dort trafen sich fast jedes Jahr die gleichen Leute. Leute die Beziehung hatten oder besonders gut ihrem Vorgesetzten vorgemacht hatten, wie sehr sie ihr Land liebten. Meine Eltern gehörten zwar nicht zu dieser Sorte Menschen und dennoch, ab und zu bekamen auch wir einen Platz in dem Ferienheim.

Das Haus war ziemlich heruntergekommen, so 70er Jahre Charme. Es war kastenförmig gebaut. Einige Etagen waren wegen Baumängel gesperrt, worüber man aber hinwegsah, weil es direkt am Strand lag. Für uns Kinder war es ein Abenteuerspielplatz. Mit Vorliebe rannten wir durch die gesperrten Etagen und spielten Fangen. Das brachte uns regelmäßig Ärger ein. Nicht aus Angst, dass uns was passieren könnte, weil Häuser, die fast zusammenfielen, hatten wir in Berlin genug. Nein, diese leeren Etagen waren der perfekte Ort für alle ab 16 Jahre aufwärts, sich dort, abseits vom langweiligen Familienurlaub, zu vergnügen. Partys, Alkohol, Zigaretten, die erste Liebe. Obwohl die Jugendlichen über unsere Anwesenheit nicht glücklich waren, entstand jedes Mal so eine Art Pakt. Sie verrieten uns nicht und wir hatten nie was gesehen. Die gelebte friedliche Koexistenz.

Der Speisesaal, wo es Frühstück und Abendbrot gab, war eine riesige Halle. Putz an den Wänden gab es nur noch vereinzelt und die Bilder unserer „Helden der sozialistischen Revolution" hingen schief über der Essensausgabe. Um den Tisch musste man „kämpfen" und wer zu spät kam, für den blieb kalter Pfefferminztee und Brot mit Leberwurst übrig. Ich aß oft Brot mit Leberwurst.

Als ich 12. wurde, fuhren wir nicht mehr nach Binz. Meine Eltern entdeckten die Berge für sich. Dort gab es auch FDGB-Ferienheime und ein Platz war leichter zu bekommen, aber die waren moderner und die Leute waren sozialistischer, sprich, es gab keine leeren Etagen, wo man sich einen kleinen Freiraum schaffen konnte.

Das FDGB-Ferienheim (Freier Deutscher Gewerkschaft Bund, so die offizielle Bezeichnung), war für mich als Kind nichts Politisches und darüber bin ich heute froh, weil es mir die Erinnerungen an das Land, in dem ich geboren und aufgewachsen bin und an meine Kindheit, als etwas Positives widerspiegelt. Jedes Kind sollte diese Möglichkeit haben, egal wo es lebt oder von wo es kommt.

Kinder sollten niemals politisiert werden.

Für Dich

Vor 26 Jahren bist du einfach gegangen. Eine Stimme am Telefon teilte mir mit, dass du gestorben bist. Du warst gerade 42 Jahre alt geworden.

Als wir uns kennenlernten, war ich 12 und hatte ein paar Wochen vorher erfahren, dass ich adoptiert wurde. Ich verstand die Welt nicht mehr, bis du kamst und mir erklärtest, was das bedeutet. Später, als du selbst ein Kind hattest, warst du trotzdem immer für mich da, wenn ich jemanden zum Reden brauchte. Ich war ein Teenager und dabei abzustürzen. Du hast mich aufgefangen, hast Nächtelang mit mir geredet und mir zugehört. Bei dir durfte ich mit 15 meinen ersten Schnaps trinken und meine erste Zigarette rauchen. Weil du wusstest, dass Verbote nichts bringen, wolltest du wenigstens aufpassen, dass nichts passiert, wenn ich es probiere.

Du hast mich vor meinem Adoptivvater immer in Schutz genommen und ihm die Stirn geboten, wenn er versucht hat mich schlecht zu machen. Nur mit deiner Hilfe überstand ich die

Zeit zwischen Kind und Teenager, lernte einen Beruf und fand eine Arbeit. Du hast oft zu mir gesagt, das Durchhalten auch etwas Gutes hat und alles Schlechte irgendwann vorbeigeht.

Mit 19 bin ich weg aus Berlin und der Kontakt brach ab. Die Welt drehte sich plötzlich schneller für uns alle. Alles war auf einmal möglich und jeder ging in eine andere Richtung. Ich war 25 als der Anruf kam. Gehirnschlag. Du warst mit deinem Sohn allein zu Haus. Sie haben dich vor dem Fernseher gefunden, mit einer vollen Flasche Schnaps auf dem Tisch. Gerüchte wurden verbreitet und du konntest dich nicht mehr wehren.

Dein Tod war tabu. Niemand wollte darüber reden. Es war wie damals, als wir uns kennenlernten. Du hattest in die Familie eingeheiratet und warst die Einzige, die meine Wut und Verzweiflung sah. Die sah, dass niemand mit mir reden wollte und die genau deshalb auf mich zuging, was dir viel Ärger einbrachte. Aber das war dir immer egal.

Die Jahre vergingen und ich habe versucht zu vergessen, aber es ging nicht. Immer wieder kamen die Erinnerungen an dich hoch und meine Wut und Trauer stauten sich mehr und mehr auf. Wohin damit? Durch falsche Freundschaften versuchte ich zu kompensieren, aber deine Stimme war allgegenwärtig. Deine Sanftheit und dein Verständnis aus der Vergangenheit, haben mich in diesen dunklen Stunden vor Schlimmerem bewahrt.

Dein Grab habe ich nie besucht, der Schmerz war zu groß. Meine Trauerarbeit bestand in Tränen, die in mein Bier liefen. Immer allein. Vor 6 Jahren, 20 Jahre nach deinem Tod, habe ich angefangen, zaghaft, über dich zu sprechen. Jemand hörte mir zu, du hättest sie gemocht. Ich fing an mich zu öffnen. Ganz langsam ließ ich die Erinnerungen und den Schmerz bewusst zu. Nach all der Zeit wollte ich nicht mehr schweigen. Du warst immer ein Teil meines Lebens und dieser Teil sollte endlich seinen Platz bekommen.

Diese Geschichte ist in Erinnerung an dich. Für Marion.

Wien Quarantäne

In ein paar Stunden geht es los. Paradoxerweise in die andere Richtung. Während die Österreicher weltweit nach Hause zurückkehren sollen, sitze ich da und warte auf meinen Flug in genau die andere Richtung. Der letzte Flug der Austrian Airline in die USA, bevor der Flugverkehr wegen COVID-19, wie der Virus offiziell heißt, eingestellt wird.

Vor einer Woche bin ich in Wien angekommen. Nach fast 5 Jahren im Ausland, endlich Urlaub daheim. Ein paar Tage Wien, weiter für eine Woche ins Spa nach Bad Gastein, zurück nach Wien und dann entspannt zurück in die USA. Das war der Plan. Gekommen ist es katastrophal anders.

Das erste Treffen nach Jahren mit Freunden. Die Stimmung ausgelassen. Bierlokal, Schnitzel und Zwickl-Bier, die Freunde zwar nicht mehr mit Umarmung und Handschlag begrüßend, dafür kreativ mit Beinschlag. Der Virus ist zwar allgegenwärtig, aber wir nehmen ihn noch nicht so ernst. Sightseeing, noch einen Absacker am

Naschmarkt und dann ab ins Bett, mit der Vorfreude auf den nächsten Tag.

Der nächsten Morgen. ‚Die USA schließen ab Samstag ihre Grenzen für die Einreise aus den EU-Staaten.' Ich lese diese Schlagzeile. Sekunden bis zur Realisierung, dann schießen mir Tränen in die Augen. Panik macht sich breit und nur eine Frage kreist in meinem Kopf. Wie komme ich jetzt zurück? Freunde beruhigen mich. „Du bist kein Tourist, du hast quasi das richtige Visum." Langsam werde ich etwas ruhiger.

Eigentlich will ich meinen Urlaub nicht abbrechen. Noch schaut ja alles irgendwie gut aus, bis zu den Abendnachrichten. Die Regierungsspitze spricht. Fast zeitgleich kommt ein Mail vom Hotel in Bad Gastein, dass aufgrund der Virusverbreitung vorzeitig geschlossen wird. Wieder Panik in meinem Kopf. Wo soll ich hin? Ein längerer Aufenthalt in Wien war nicht geplant. Früher zurück in die USA? Ich versuche die Hotline der Fluglinie zu erreichen, will umbuchen. Ohne Erfolg.

Mein 4. Tag in Wien. Schlagzeile des Tages: ‚Aufgrund des Einreisestops in die USA stellt die Austrian Airline alle Flüge in die USA bis auf Weiteres ein.' Mich überkommt eine Panikattacke. Ohne weitere Informationen abzuwarten, fahre ich zum Flughafen. Ich bekomme eine Nummer. Ordnung muss sein. Völlig aufgelöst erkläre ich der letzten verbliebenen AUA Mitarbeiterin am Schalter mein Anliegen. Sie ist verwirrt. USA? Nein! Doch! Hier mein Visum, mein Pass! Die Mitarbeiterin ist sehr nett und tippt über eine Stunde in ihrem Computer herum. Nein! Ja? Dann lächelt sie. Ein Platz in der letzten Maschine nach Chicago und von dort weiter nach Washington D.C. Geschafft. Auf dem Weg zurück zum Wienzubringer bemerke ich erst, wie ausgestorben der Flughafen ist. Nur noch ein paar Touristen die versuchen nach Hause zu kommen, ansonsten nichts als unheimliche Leere.

Vor 6 Tagen bin ich in Wien angekommen, habe 5 in einer Wohnung in Quarantäne verbracht. In ein paar Stunden fliege ich nach Hause, in die andere Richtung und es kommt mir vor, als wenn die Welt sich langsamer dreht.

Yad Vashem

Ich habe lange überlegt, ob ich eine Geschichte über den Ort schreiben soll, der der über 6 Millionen ermordeten Juden im 2. Weltkrieg gedenkt. Ja, weil dieser Ort etwas Besonderes ist.

Als ich mich, bei einem meiner Israelbesuche, dazu entschied, nach Jerusalem zu fahren und Yad Vashem zu besuchen, hatte ich keine Ahnung, was auf mich zukommen würde. Gedenkstätten für die jüdischen Opfer des Naziterrors hatte ich schon öfters besucht, aber dass es einen Ort gibt, in dem das Unfassbare noch unfassbarer wird, das hätte ich nicht für möglich gehalten.

Jerusalem ist ungefähr eine Stunde von Tel Aviv entfernt. Ich saß mit überwiegend amerikanischen Touristen im Bus und alle unterhielten sich. Kurz vor Mittag kamen wir am Parkplatz vor Yad Vashem an. 4 Stunden hatte ich nun Zeit.

Ich ging zum Eingang und stand vor einem Gebäude, dessen Architektur mir schon zeigte, dass dies keine normale Gedenkstätte war. Groß, kraftvoll und traurig zugleich, dem Licht zugewandt. Um in die Ausstellungshallen zu kommen, ging man Wege mit Tafeln entlang, die bereits an die Gräueltaten erinnerten. Als ich in die Haupthalle kam, dachte ich mir, dass mich das an einige Ausstellungen in Deutschland erinnert, aber je weiter ich ging, desto unvorstellbarer wurde es. Der Weg der Ausstellung ist serpentinenförmig angelegt. Man geht durch die einzelnen Abschnitte, man begleitet Menschen, die am Anfang noch am Leben waren, bis zu ihrer Ermordung.

,Die Halle der Namen' ist das Kernstück von Yad Vashem und der wohl wichtigste, aber auch bedrückendste Ort, an dem ich je war. In ,Die Halle der Namen' wird jedem Juden, der durch den Holocaust ermordet wurde, gedacht. Ein dunkler Gang führt dorthin. In diesem Gang werden Bilder von den Opfern an die Wände projiziert und ihre Namen vorgelesen. Ein Bild, ein Name. Babys, Kleinkinder, Frauen, Mütter, Männer, Väter, alte Menschen, Greise. Es ist endlos und zeigt die unvorstellbare Anzahl der Ermordeten. Man schaut den Menschen direkt ins Gesicht.

Mit Tränen in den Augen kam ich in ‚Die Halle der Namen' und konnte im ersten Moment nicht erfassen, was ich da sah. Wände voll mit Bildern. Vom Boden bis zur Decke, Bilder. Aber es waren nicht einfach nur Bilder, es waren Fotos von Menschen, die ermordet wurden und denen man versucht hatte, ihre Menschenwürde zu nehmen. Ich schaute nach oben und sah in all die Gesichter. Menschen wie du und ich, mit Träumen, Hoffnungen und Wünschen, zerstört von Menschen mit einer krankhaften Ideologie. Obwohl ich bis ins Innerste aufgewühlt war, versuchte ich, aus Respekt vor diesen Menschen, das Unfassbare auszuhalten und ihnen ins Gesicht zu schauen. Vor allem den Kindern und alten Menschen.

Auf der Heimfahrt war es ruhig im Bus. Wir sprachen kein Wort und ich kämpfte immer wieder mit Tränen.

Das Besondere an Yad Vashem und ‚Die Halle der Namen' ist, dass es den Menschen, die man versucht hat, auszulöschen, ihren Namen und ihr Gesicht zurückgibt und damit ein Stück ihrer Identität und Würde.

Winnipeg - Reise in die Geschichte

Als ich gefragt wurde, ob ich mit in die inoffizielle Hauptstadt der Ureinwohner Kanadas, in der Provinz Manitoba, kommen möchte, habe ich keine Sekunde gezögert und sofort ja gesagt.

Bei strahlendem Sonnenschein und minus 30 Grad, landeten wir pünktlich am kleinen Flughafen in Winnipeg. Wir holten unser Gepäck und gingen zum Taxistand. Ich war Kälte, nach vier Jahren leben in Kanada, gewohnt, aber diese Temperaturen waren anders. Die Luft schnitt wie Messer in unsere Haut. Jede Bewegung fühlte sich an, als wenn Eis zerbricht. Innerhalb kürzester Zeit verstand ich, warum die Menschen hier nur die Augen freihatten.

Mit dem Taxi ging es durch die Stadt zum Hotel. Alles fühlte sich kalt und schön an. Die Hochhäuser sahen aus wie Kristalle und zwischendrin liefen kleine Menschen mit fellartigen Mänteln, Mützen und Schuhen.

Im Hotel angekommen, packte ich meine Sachen aus, aß eine Kleinigkeit und begann sofort mit dem Entdecken der Stadt. Wir hatten nur ein Wochenende, also wollte ich keine Zeit verlieren. Während ich die üblichen Sehenswürdigkeiten wie Kirchen und alte Straßenzüge durchlief, fielen mir zwei Gebäude auf. Eines war das Museum für Menschenrechte, was mich insofern überraschte, dieses wichtige Museum in Winnipeg zu finden. Das Andere war ein Shop, der eine besondere Dekoration im Fenster hatte: ‚Die Geschichte der Inuit über Kunst dargestellt‘. Leider war schon geschlossen.

Am nächsten Tag, gleich nach dem Frühstück, ging ich in den Shop. Ich gebe zu, ich hatte von der Geschichte der Ureinwohner Kanadas nicht viel Ahnung. Wusste nur das Übliche, das sie jahrzehntelang ausgegrenzt wurden und auch heute noch mit Rassismus konfrontiert sind. Als ich den Shop betrat, lächelte mich die Inuit-Verkäuferin an. Sie sagte, ich solle mich umschauen und wenn ich Fragen habe, hilft sie mir gern. Gott, ich hatte tausend Fragen, war aber befangen. Ich ging durch den Shop und versuchte mir meine Unwissenheit nicht anmerken zu lassen. Plötzlich sah ich ein Buch. Das Bild ließ mich erstarren. Ein Kind auf dem Cover: Vorher, Nachher. Ich nahm das Buch, ging zu der jungen Frau und fragte sie, was dieses Bild zu bedeutet hat. Sie erklärte mir, dass es eine Zeit gab, wo Kinder von Inuit gezwungen wurden, in ‚weiße Schulen' zu gehen. Man versuchte, ihnen ihre Wurzeln und Würde zu nehmen. Ihnen wurden die Haare abgeschnitten und sie mussten ‚weiße Kleidung' tragen. Dieses Buch war ein Dokument von Überlebenden.

Ich kaufte das Buch, ging ins Hotel und fing an zu lesen, um zu verstehen, was ich ein paar Monate vorher in Ottawa auf einem Festival von Inuit gesehen hatte. Stolz, Würde, Identität und Kultur in einer Welt, die ihnen genommen wurde und die viele von ihnen in den Abgrund gestürzt hat.

Vor ein paar Jahren hat sich, zum ersten Mal in der Geschichte Kanadas, ein Premierminister für die Gräueltaten, welche den Inuit angetan wurden, entschuldigt und damit ein Zeichen gesetzt. Dieser Premierminister war Justin Trudeau.

Wahrheit oder Fake News

‚Bis zu 2,5 Millionen Tote könnte es geben, wenn die Menschen die Anweisung, Daheim Zu Bleiben, nicht einhalten.‘ Bitte was? Im ersten Augenblick glaube ich mich verlesen zu haben, vor allem weil diese Aussage aus dem Weißen Haus vom Präsidenten kommt und man sich da ja nicht immer ganz sicher sein kann, ob das so in der Form stimmt und geprüft wurde. Ich lese weiter und in diesem Fall stimmt es, da es eine WENN Aussage ist.

‚Wir müssen mit bis zu 250.000 Toten innerhalb der nächsten Wochen rechnen.‘ Mir stockt der Atem, denn diese Zahl ist keine WENN Aussage und wer das Gesundheitssystem in den USA kennt, weiß, dass das keine FAKE NEWS sind.

Als ich vor zwei Wochen meinen Urlaub in Österreich abgebrochen habe und in die USA zurückgeflogen bin, hatte man das Gefühl, dass der Ernst der Lage hier ‚Im Land der unbegrenzten Möglichkeiten‘ noch nicht ganz angekommen war. Ja, es gab da wohl ein paar

Kranke, aber laut Aussagen der Regierung waren die hohen Zahlen FAKE NEWS über das ,China-Virus'.

Heute sind die Straßen leer, die Geschäfte zu und die Menschen haben Angst. Man sieht die WAHRHEIT und die Unsicherheit in ihren Gesichtern. Die offiziellen Zahlen steigen jeden Tag rasant an. Italien, China oder Spanien sind längst „überholt" und selbst der sonst undiplomatische Präsident musste nun eingestehen, dass es sich hier nicht nur um eine Grippe handelt.

Da die Amerikaner in Krisen in der Regel auf ihren Präsidenten hören, wird nun geputzt und gewaschen wie nie zuvor, mit der Folge, dass manche Destillerien keinen Alkohol mehr herstellen, sondern Desinfektionsmittel, dass Regale in den Supermärkten leer sind und die USA nun das Problem mit den Papierartikeln mit dem Rest der Welt teilen.

Die wirtschaftlichen Folgen sind noch nicht absehbar, was mir aber aufgefallen ist, wie schnell große und kleine Unternehmen sich auf die neue Situation eingestellt haben. Da wurden innerhalb von Tagen neue Werbespots gedreht,

Onlinehandel und Lieferservice boomen wie nie zuvor, jede Bank bietet die Aussetzung von Kreditzahlungen an und Internetprovider erhöhen gratis das Datenvolumen fürs Homeoffice und FaceTime.

Als ich vor einem Jahr von Kanada in die USA gezogen bin, war ich von der Art der Amerikaner entsetzt. Kein Danke, kein Bitte, keine Rücksicht. Man spürte die Mentalität des Präsidenten. Heute ist das anders. Die Menschen rücken zusammen, auch weil sie realisieren, dass es sie alle betrifft, nicht nur Asiaten, Schwarze oder Obdachlose.

Habe ich Angst? Ja. Warum? Weil die Gesundheit hier jetzt keine Frage des Geldes mehr ist, sondern der Kapazitäten. Man kann täglich nachlesen, wie die Zahlen in die Höhe schnellen, wie viele Menschen sterben und wie die WAHRHEIT hinter den offiziellen Statistiken aussieht. Die Frage ob WAHRHEIT oder FAKE NEWS stellt sich derzeit nicht. Auch die Tweets des Präsidenten beschwören nun die Einheit des Landes aufs Durchhalten. Und manchmal, wenn man nicht damit rechnet, sieht man ein Lächeln hinter der Maske.

Das Rüherei Danach

Es war gerade ein paar Wochen her, dass ich nach Madrid gezogen war, als mein Hund plötzlich aufhörte zu fressen. Ich hatte ihn ein Jahr zuvor aus dem Tierheim geholt. Er war jung, verspielt und neugierig, bis zu diesem Tag.

Was ging dem voraus? Es war Hochsommer. Heiß, stickig und trocken. Ich begab mich an diesem Tag auf die Suche nach einem Ort für Hund und Mensch mit Wasser. Im ‚JUAN CARLOS Park' wurden wir fündig. Nicht ganz legal, da das Wasser zu einem Springbrunnen gehörte, was meinen Hund aber nicht störte. Nachdem er sich also abgekühlt hatte, liefen wir einen Weg entlang, der von Olivenbäumen links und rechts flankiert war. Es war traumhaft südlich, bis mich die Realität abrupt einholte. In Gedanken versunken drehte ich mich um und mein Hund war weg.

Ich rief ihn bestimmt hundertmal, aber da wir noch an seinem Gehorsam arbeiteten, blieben alle Versuche erfolglos. Wie von Sinnen rannte ich durch den riesigen Park, bis ein Parkwächter auf mich zukam. Da ich kein Spanisch konnte und er kein Englisch, redeten unsere Hände. Er zeigte immer wieder in Richtung des Brunnens und verzog dabei sein von der Sonne gebräuntes Gesicht zu einer Falte. Verlegen lächelte ich und rannte los. Und da saß er. Jaulend und nass zwischen Katzenfutter.

Erleichtert und verärgert fuhren wir nach Hause. Mitten in der Nacht wachte ich auf. Er wimmerte. Am nächsten Morgen verweigerte er Fressen und Trinken. Er wirkte apathisch. Sein Bauch wurde immer dicker. Ich packte ihn ins Auto. Ohne GPS und Spanisch, raste ich mit einem Stadtplan, auf der Suche nach einer Tierklinik, durch Madrid.

Es war Sonntag. Meine Eile fiel einer Polizeistreife auf. Die Sache entwickelte sich zu einer kleinen Verfolgungsjagd. Nach der dritten Kreuzung blieb ich stehen und stand wieder vor dem Problem Spanisch vs. Englisch. Diesmal half die Sprache des Hundes. Er jaulte und quietschte immer lauter. Die Polizisten begriffen sofort den Ernst der Lage und zeigten mir einen Weg in eine Tierklinik. Dort angekommen setzte ich zu einer Erklärung an. Als das Wort ‚JUAN

CARLOS Park' fiel, war der Schwester und dem Tierarzt alles klar, im Gegensatz zu mir.

Nach einer Stunde brachten sie mir meinen Hund. „Das Katzenfutter im JUAN CARLOS Park vertragen viele Hunde nicht. In ein paar Tagen ist er wieder OK." sagte der Tierarzt mit einem Lächeln und wandte sich dem nächsten Patienten zu.

Müde, aber glücklich kamen wir zu Hause an. Plötzlich merkte ich, wie hungrig ich war. Ich hatte den ganzen Tag noch nichts gegessen. Voller Vorfreude auf das Abendessen machte ich mir Rühreier mit Salami und stellte es auf den Esstisch. Mein Hund lag in seinem Bett. Er schaute sehr interessiert. Das Brot fehlte noch, also ging ich nochmal schnell in die Küche. Als ich zurückkam, waren die Rühreier weg und mein Hund leckte sich genüsslich die Schnauze. Er ging auf seinen Platz, rollte sich zufrieden zusammen und ließ mich im Schockzustand zurück.

Ich nahm mir ein Glas Wein, ein Stück Brot und fing herzlich an zu lachen.

Weiße Haut

Mit Anfang 30 habe ich es zum ersten Mal gesehen. Ein kleiner, weißer Fleck auf meiner linken Hand. Zuerst dachte ich mir nichts dabei, dachte, das wäre irgendeine Ablagerung. Ich ignorierte es einfach.

Im Laufe der Zeit wurde der Fleck immer größer und irgendwann war meine ganze linke Hand weiß. Menschen fragten mich, was mit meiner Hand sei, ob ich eine Verbrennung gehabt hätte. Sie starrten mich an und wenn ich in die Sonne ging, wurde meine Hand innerhalb von Minuten feuerrot und brannte.

Als ich eines Tages in den Spiegel schaute, sah ich einen weißen Fleck im Gesicht. Tränen schossen mir in die Augen. Ich fühlte mich entstellt, hatte keine Ahnung, was das war, was mit mir los war. Ich ging zum Hautarzt und erhielt die Diagnose ‚Weißfleckenkrankheit‘, eine Krankheit, die nur etwa 0,1 Prozent der Weltbevölkerung bekommt. Der Verlauf der Krankheit ist ungewiss. Entweder nur stellenweise oder

der ganze Körper und es dauert ca. 15 Jahre, bis sie zum Stillstand kommt.

Ich weinte tagelang und versuchte mich zu verstecken. Die Blicke der Menschen trieben mich immer mehr in depressive Phasen. Mein Körper wurde stellenweise immer schneller weiß. Im Winter war es leichter, da konnte ich fast alles verstecken, aber im Sommer ging ich lange Zeit nur mit gesenktem Kopf.

Eines Tages klingelte es an meiner Tür. Es war Hochsommer und mein bester Freund hatte beschlossen mich mit zur Donau zum Baden zu nehmen. Natürlich lehnte ich ab, woraufhin er mir versprach, er geht mit mir zu einer Stelle, wo wir allein sind, wo mich niemand sehen kann. Wir kannten uns schon ewig und ich vertraute ihm. Als wir an der Stelle ankamen, die wohl nur er kannte, zog er sich aus und sprang ins Wasser. Vorher legte er mir noch eine Sonnenschutzcreme mit dem höchsten Sonnenschutzfaktor hin. Er wusste, dass die weißen Stellen ohne Pigmente waren und somit ungeschützt vor der Sonne. Er schwamm weit raus und ich war allein.

Ängstlich schaute ich mich um. Überall glaubte ich etwas zu sehen, aber es war niemand da und so nahm ich all meinen Mut zusammen, zog mich aus und cremte mich ein. Ich stand vor dem Wasser und das Erste Mal seit Jahren spürte ich wieder Sonne auf meiner Haut. In diesem Moment wurde mir klar, dass ich mich nicht mehr verstecken will und ich beschloss, im T-Shirt und Shorts, inzwischen waren auch meine Beine betroffen, nach Hause zu fahren. Diese Entscheidung kostete mich alles an Mut und Überwindung, aber ich zog es durch, trotz der Blicke, des Getuschels der Menschen und meiner eigenen Angst.

Nach 15 Jahren ist die Krankheit zum Stillstand gekommen. Viele Stellen an meinem Körper sind heute ohne Pigmente, die sich deutlich von den anderen Hautpartien abheben. Im Laufe der Zeit habe ich gelernt, mit der 'Unvollkommenheit' meines Körpers umzugehen. Ich verstecke mich nicht mehr, auch weil Menschen mir Mut gemacht haben und manche heute sogar sagen, dass das irgendwie sexy aussieht.

Manchmal ist es das Mutigste, zu sich selbst zu stehen. Ganz normal anders eben.

Aus einem Fernen Land

Das Hotel, in dem ich wohnte, war groß, bunt und laut. Am Eingang hing ein Schild in mehreren Sprachen mit der Aufschrift: ‚Zutritt nur für Ausländer', was bei jedem Betreten durch einen Polizisten kontrolliert wurde. Ich fühlte mich nicht besonders wohl dort, aber zu diesem Zeitpunkt gab es keine andere Möglichkeit für mich in Havanna relativ sicher zu übernachten.

10 Uhr morgens. Die Temperaturen waren auf über 40 Grad geklettert. Ich nahm meinen Fotoapparat und trat ins Freie. Das Hotel lag direkt am Meer, an Klippen gebaut, ohne Strand. Der Anblick war atemberaubend und man konnte in die Unendlichkeit schauen, was wohl für die Überwachung der Gegend so beabsichtigt war. Ich ging ein Stück die Klippen entlang und bog dann in eine Straße mit Wohnhäusern ein. Es war menschenleer. Die Häuser waren klein und zum Teil ohne Fensterscheiben. Einige hatten einen weißen Zaun mit einer kleinen Eingangstür. Es klang Musik durch die Straßen.

Auf der Suche nach Fotomotiven ging ich immer weiter in das Wohnviertel hinein. Plötzlich standen zwei junge Männer vor mir und lächelten mich an. Sie erkannten sofort, dass ich Ausländerin war. Ich schluckte und umklammerte meinen Fotoapparat. Schweiß lief über meine Stirn. Von der Seite rief eine Frauenstimme den Beiden etwas zu. Einer der beiden jungen Männer deutete auf ein kleines, grünes Haus neben uns und fragte: „Coca-Cola?". Unsicher nickte ich und wir gingen hinein. Wind durchzog das Wohnzimmer. Ein Kind spielte auf dem Boden und im Fernseher lief eine Serie über Liebe. Wir setzten uns um einen kleinen runden Tisch und eine junge Frau brachte uns ein grünes Getränk mit Eis. „Coca-Cola", grinste einer der beiden jungen Männer und bot es mir an. So etwas Gutes hatte ich noch nie getrunken.

Zwei junge Frauen setzten sich zu uns. Alle Augen waren auf mich gerichtet. Ich spürte ihre Fragen, ihre Wünsche nach Antworten, wie die Welt da draußen ist. Sie vertrauten mir. Und obwohl ich kein Spanisch konnte, fing ich an zu erzählen. Über Europa, die USA, Freiheit, Demokratie, Musik und Coca-Cola. Ein junges Mädchen aus der Nachbarschaft kam dazu. Sie konnte etwas Englisch und übersetzte für die

Anderen. Wir lachten, tranken die grüne Limonade und wenn uns ein Wort nicht einfiel, benutzten wir unsere Hände und Füße als Sprachhilfe. Sie wollten alles wissen aus meiner Welt. Irgendwann fragte ich die jungen Männer, wie ihr Leben sei. Sie winkten ab, sagten nur Revolution und Kommunismus und zeigten Richtung Meer.

Als die Sonne unterging, verabschiedete ich mich. Wir machten noch ein Foto und ich ging die gleiche Straße zurück, die ich in der Früh gekommen war. Bevor ich ins Hotel ging, drehte ich mich noch einmal um und schaute übers Meer. In diesem Moment verstand ich die Sehnsucht der Menschen nach Freiheit. Ich verstand, warum Menschen ihr Leben riskieren und ihr Land verlassen. Aus dem gleichen Grund, der für uns so selbstverständlich ist. Für ein selbstbestimmtes Leben.

Die Entscheidung

Wir machten unseren Morgenspaziergang, als du ohne Vorwarnung zur Seite fielst und nicht mehr aufstehen konntest. Deine großen bernsteinfarbenen Augen schauten mich ängstlich an. Ich hob dich hoch, sagte zu dir, dass du keine Angst zu haben brauchst und trug dich nach Hause.

Lara und Sina warteten schon auf uns. Es war Zeit fürs Frühstück, so wie jeden Tag um diese Zeit. An diesem Morgen allerdings musste ich erst das Chaos der Nacht beseitigen. Ameisen hatten sich im Vorraum zur Terrasse breit gemacht. Ich gab euch drei in einen Nebenraum, von dem aus ihr mir zusehen konntet. Und wieder, ohne sichtbare Vorzeichen, fielst du um.

Der Tierarzt untersuchte dich und konnte nichts Körperliches feststellen. Auf eine sehr nüchterne Art teilte er mir mit, dass die Ursache vermutlich neurologisch ist und nur eine Untersuchung Klarheit bringen würde, allerdings aufgrund deines Alters gefährlich sei und ich die Möglichkeit das Einschläfern in Betracht ziehen sollte.

Unter Schock stehend fuhr ich nach Hause. In meinem Kopf wechselten sich Bilder in Zeitlupe und Zeitraffer ab. Du warst 8 Monate alt, als ich dich aus dem Tierheim geholt habe. Seit 12 Jahren lebten wir nun zusammen und jetzt sollte ich darüber entscheiden, welchen Weg du gehen musst? Das konnte ich nicht. Aber ich musste, ich hatte dir am Anfang unseres gemeinsamen Weges versprochen, dich niemals leiden zu lassen. Tränen bannten sich unaufhörlich ihren Weg über mein Gesicht.

Die folgenden zwei Nächte brachen mir das Herz, denn ich wusste, was ich zu tun hatte. Nie in meinem Leben hätte ich gedacht, dass ich mal eine Entscheidung über Leben und Tod treffen müsste. Mir lief die Zeit davon. Du schautest mich immer wieder an, richtig aufstehen konntest oder wolltest du nicht mehr. Ich wägte jedes kleine Detail ab, aber wir beide wussten, dass deine Zeit gekommen war.

Zu Hause ging es drunter und drüber. Die Zeit blieb einfach nicht stehen. Lara und Sina spürten zwar etwas, aber sie verstanden es nicht.

Ich nahm dich, brachte dich ins Auto und fuhr zum Tierarzt. Wir mussten 20 Minuten warten, da deine Tierärztin einen Notfall hatte. Es zerriss mich. Ich wollte wieder fahren, aber ich wusste, dass ich dann dein Leiden verlängern würde. In dem Moment, als du gings, warst du glücklich und ruhig. Viele Kekse begleiteten dich in deinen letzten Minuten. Ich brach zusammen.

Kondolenzschreiben aus der ganzen Welt trafen in den darauffolgenden Tagen ein. Viele Menschen kannten dich. Das spendete mir Trost und half mir, die Zweifel über meine Entscheidung etwas zu lindern. Ich wollte stillstehen, aber ich konnte nicht, weil ich Verantwortung für zwei andere Lebewesen hatte. Und auch wenn sie dich gesucht haben, sie brauchten ihren Tagesablauf als Sicherheit. Also habe ich weitergemacht. Tagsüber stark sein, Abends Trauerarbeit. Vor dem Schmerz wegrennen, das kam für mich nicht infrage. Ich will mich mit Freude an dich zu erinnern, an unsere gemeinsame Zeit.

Für meinen ersten Hund, CODY.

Schreibblockade und Handwerken

Seit Wochen versuche ich eine Geschichte zu schreiben. Ich laufe durchs Haus, stöbere in anderen Geschichten, höre Musik oder gehe mit den Hunden spazieren. Nichts. Mein Kopf nimmt viel auf, aber er verarbeitet es nicht zu Sätzen.

Was also tun? Ich drehe mich sprichwörtlich im Kreis, da fällt mir ein Nagel im Türrahmen der Eingangstür auf. Minutenlang betrachte ich den Nagel und frage mich, wie der da wohl hinkommt. Nachdem ich keine Antwort auf diese Frage bekomme, gehe ich in den Keller und krame nach einem Hammer. ‚Ich könnte mal den Kellerschrank aufräumen.' denke ich so bei mir, während mir der Hammer auf den Fuß fällt. Mürrisch hebe ich den Hammer auf und sehe aus dem Augenwinkel eine defekte Leiste an der Wand. ‚Die kommt als Nächstes dran.' beschließe ich und suche mit den Augen nach der Bohrmaschine.

2 Stunden später. Der Nagel hat seine Bestimmung gefunden und die Leiste ist repariert.

Ich fühle mich, als hätte ich großes vollbracht. Gerade als ich mein Werkzeug zusammenpacken will, spüre ich einen Luftzug. Draußen tobt ein Sturm und da bedeutet ein Luftzug nichts Gutes. Ich folge der Spur. Hinter mir die Hunde, deren Neugierde seit dem Erklingen der Bohrmaschine nicht mehr abgerissen ist. Wie auf Kommando bleiben wir alle 4 stehen. Kirschbaumblüten kommen uns entgegen. Sie fliegen durch den ganzen Raum. Zwei der Hunde versuchen sie zu fangen, was das Chaos noch erhöht. Ich kämpfe mich durch die Aufregung und finde das Übel. Die Türleiste ist weggebrochen. ‚Ich wusste es.‘ war mein erster Gedanke, denn sie sah schon länger nicht gut aus.

Mein Ziel, der Baumarkt. Seit alles geschlossen hat, ist dies der einzige Platz, wo man seinem Einkaufsvergnügen noch freien Lauf lassen kann. Mit Gesichtsmaske und virtuellem Lageplan kämpfe ich mich durch die Regalreihen und werde fündig. Türleisten in allen Farben und Formen. Ich mache mich ans Suchen, denn das mit der Sortierung hat sich schon lange erledigt. Nach 20 Minuten hab ich die passende. Ich muss lachen, denn ich freue mich über eine Türleiste !!!

Zuhause angekommen, schnappe ich mir meine Bohrmaschine, einen Bleistift und Schrauben. Der Sturm wird stärker und rüttelt an der Tür wie in einem schlechten Horrorfilm. Eile ist geboten. Die Hunde stehen hinter mir. Sie schauen aufgeregt zwischen mir und der Bohrmaschine hin und her, was nicht gerade zu meiner Konzentration beiträgt. Ruhe bewahren. Keinen Fehler machen. Ich markiere, klopfe, passe an und bohre. Der finale Akt. Passt die Schiene oder passt sie nicht? Sie passt. Erschöpft schließe ich die Tür. Sie ist dicht. Mein jüngster Hund ist immer noch von der Bohrmaschine fasziniert und unser Golden Retriever schleckt die Blüten auf.

Die Eingangstür mit dem reparierten Nagel fällt ins Schloss. Meine Frau steht mit zerzausten Haaren vor mir. „Stürmisch draußen." meint sie. Ich grinse. Mein Kopf fühlt sich freier an.

Und während ich diese Geschichte schreibe, laden sich Laptop und Bohrmaschine für neue Abenteuer auf.

schwarz, weiß, bunt

Meine erste Nacht in New York City hatte ich, aufgrund des langen Fluges und der Zeitverschiebung, wunderbar verschlafen. Ich sprang aus dem Bett und machte mir einen Kaffee. Während die Sonne versuchte, sich zwischen den Wolkenkratzern hindurchzuschieben, überlegte ich mir, wie und wo ich den Tag verbringen wollte. Systematisch legte ich mir einen Plan zurecht, der letztlich darauf abzielte, kreuz und quer durch die Stadt zu fahren.

Von weitem sah ich schon die U-Bahnstation. Laut meinem Plan musste das die Linie sein, die mich nach Chinatown bringen sollte. Aufgeregt und voller Vorfreude machte ich das, was alle machten. Ich schaute nicht, ich stieg einfach ein. Vertieft in meinen „Tagesplan" bemerkte ich nicht, wie sich um mich herum etwas veränderte. Irgendwann zwischen der gefühlten 5 und 6 Station später, blickte ich hoch. Dutzende Augenpaare starrten mich an. Ich war die einzige Weiße in der U-Bahn. Es durchzuckte mich. Abgesehen davon, dass ich ein mulmiges Gefühl hatte, wurde mir schlagartig klar, dass ich wohl nicht auf dem Weg nach Chinatown war.

An der nächsten Station stieg ich aus. Meine herumirrenden Blicke fielen einer älteren Frau auf. Sie fragte mich, ob sie mir helfen könne, denn ich wäre hier ganz sicher nicht richtig. Ich fragte sie, wo ich sei. Etwas verwundert meinte sie, in dem Stadtteil New Yorks, in dem Weiße normalerweise nicht sind. In der Bronx. Ich schluckte, denn alles, was ich zu der Zeit von der Bronx wusste, war, dass man dort besser nicht hingeht, vor allem als weiße Frau mit platinblonden Haaren. Zugegeben, ich hatte etwas Angst, aber die Neugierde war stärker, also bedankte ich mich bei der netten Dame und ging die Treppe rauf zum Ausgang.

Als ich auf die Straße hinaustrat, blieb ich wie angewurzelt stehen. Was ich sah, hatte so gar nichts mit dem zu tun, was man so üblicherweise aus dem Fernsehen kannte. Statt schießender Gangs, überall buntes Treiben. Lachende Erwachsene, spielende Kinder, Musikhörende Teenager. Nur eine Sache stimmte, es waren keine Menschen mit weißer Hautfarbe zu sehen.

Mein Hals war trocken. Ich ging zu einem Hotdog-Stand, was mir die volle Aufmerksamkeit in der Straße bescherte, und fragte nach einer Cola. Der Verkäufer schaute mich an und murmelte etwas von mutig. Ich lächelte, nahm meine Cola und drehte mich um. 10 Augenpaare musterten mich. Eine junge Frau in einem rosa Jogginganzug fragte mich etwas gereizt, was ich hier mache. Da mein Englisch über Schulniveau nicht hinausreichte, stammelte ich was von Chinatown und Tourist. Die Gruppe lachte. Sie wollten wissen, woher ich komme. „Austria". „Australia?" Deshalb, das komische Englisch. Ein kleiner Junge aus der Gruppe kam zu mir, nahm meine Hand und sagte den Anderen, das ich aus Europa sei und das man dort so blonde Haare hätte. Etwas verlegen nickte ich. Das Eis war gebrochen.

Wir gingen zur U-Bahn und sie zeigten mir die richtige Linie nach Chinatown.

So fühlte es sich also an, wenn man gleich ist und doch anders.

SYLVIA HERZBERG

Geboren und aufgewachsen bin ich im wilden Osten von Berlin. Seit über 20 Jahren ist Wien mein Zuhause. Mein Leben war nicht immer ganz leicht, aber ich habe es ziemlich gut hinbekommen. Seit 10 Jahren lebe ich im Ausland, derzeit in den USA. Ich bin verheiratet, habe zwei Hunde, mag Countrymusic und wenn ich mich entspannen möchte, gehe ich zu Eishockeyspielen. Das Schreiben von Kurzgeschichten begeistert mich schon seit meiner Schulzeit. Es war und ist für mich die Möglichkeit, Emotionen, die ich manchmal nicht aussprechen kann, in Worte zu fassen oder aber einfach Erlebtes zu teilen. In meinen Geschichten stehen der Mensch, mit allem was ihn ausmacht, Menschlichkeit und das Erleben von Situation, im Vordergrund. #normalanders

Alle Storys von Sylvia Herzberg
zu finden auf www.story.one

Viele Menschen haben einen großen Traum: zumindest einmal in ihrem Leben ein Buch zu veröffentlichen. Bisher konnten sich nur wenige Auserwählte diesen Traum erfüllen. Gerade einmal 1 Million publizierte Autoren gibt es derzeit auf der Welt - das sind 0,013% der Weltbevölkerung.

Wie publiziert man ein eigenes story.one Buch?

Alles, was benötigt wird, ist ein (kostenloser) Account auf story.one. Ein Buch besteht aus zumindest 12 Geschichten, die auf der Plattform gespeichert werden. Diese lassen sich anschließend mit ein paar Mausklicks zu einem Buch anordnen, das sodann bestellt werden kann. Jedes Buch erhält eine individuelle ISBN, über die es weltweit bestellbar ist.

Auch in dir steckt ein Buch.

Lass es uns gemeinsam rausholen. Jede lange Reise beginnt mit dem ersten Schritt - und jedes Buch mit der ersten Story.